JOSE GONZALEZ ESCORCHE

EL AURA DE LA POESÍA

JOSE GONZALEZ ESCORCHE

EL AURA DE LA POESÍA

JustFiction Edition

Imprint
Any brand names and product names mentioned in this book are subject to trademark, brand or patent protection and are trademarks or registered trademarks of their respective holders. The use of brand names, product names, common names, trade names, product descriptions etc. even without a particular marking in this work is in no way to be construed to mean that such names may be regarded as unrestricted in respect of trademark and brand protection legislation and could thus be used by anyone.

Cover image: www.ingimage.com

Publisher:
JustFiction! Edition
is a trademark of
Dodo Books Indian Ocean Ltd. and OmniScriptum S.R.L publishing group

120 High Road, East Finchley, London, N2 9ED, United Kingdom
Str. Armeneasca 28/1, office 1, Chisinau MD-2012, Republic of Moldova, Europe
Printed at: see last page
ISBN: 978-620-0-10887-6

MI DESCONSUELO

El trinar de la lluvia

exaspera, aumente la angustia,

extiende la soledad de la tarde

que nos permite sortear

los obstáculos de la sobrevivencia.

No hay frío ni calor,

sólo una ingenuidad que deambula entre los pinos;

no hay nada, sólo un vacío

en la realidad donde siento el dolor

causado por tu abandono, donde

me ahogan los recuerdos

de tu inmensa figura; ahora estoy

soportando las gotas frías

de una terrible meditación

que permanece anclada en el centro

de mi desconsuelo.

UN SOLO SER

El dolor vuela como la lluvia,

rodea mi indecisión

de alejarme del placer que disfrutábamos

abrazados en medio de la soledad.

Fuimos unos traviesos fantasmas

que, cada noche, atrapaban a la luna

cuando gemíamos acurrucados.

Siempre fuimos un solo ser,

andábamos como el mar y las olas,

abrazados en la permanente oscuridad.

LAS PALABRAS

Las palabras habitan en la nada,

encuentran su significado con la venia

del ser, de ese escritor apesadumbrado

que se resiste a los rayos del sol,

que espera el milagro de la inspiración.

Las palabras cohabitan en sus miedos,

en las apariencias que siente

cuando sabe que llegó el momento para

escribir cualquier anécdota

que da vida al poema o a la melodía.

EL SOL

Me buscaba en el espejo, no me encontraba,

me buscaba en tu mirada, no me encontraba,

me buscaba en las hebras del sol y me detenía,

creía confundirme con la luz, con el resplandor

de la búsqueda que iniciaba cada día, cada vez

al levantarme y dejarte dormida entre las sábanas.

Después de la ducha me encontraba encima de

tu cuerpo como una zaranda zigzagueante,

pero te buscaba entre mis piernas y encontraba

al sol entretenido en el centro de tu sexo.

LAS OLAS

Debajo del fuerte sol del invierno

caminaba abstraído de la realidad,

pensaba en lo que ansiaba,

en los signos de su envejecimiento.

A pesar del calor andaba cabizbajo

sólo levantaba la frente para mirarte.

Al descifrarte en la oquedad del día

comprendió porque no se agotaba

en el intento y buscó al mar, en la playa

sembró dos luceros, se refrescó con el

susurro de las olas y trotó hacia el horizonte.

A pesar del olaje percibió el silencio

de la tarde y consecuente con su misterio

escribió sobre la arena algo inconcluso,

con el propósito de perturbarte

para que te preocuparas

por la simple belleza de las cosas

que lo hacían feliz en la primavera.

Ahora te sientas sobre él y suspiras

como las olas que mojan sus piernas.

EN EL VACIO DEL SILENCIO

En el vacío del silencio una pena
resplandece haciendo visible la angustia
que destruye tu constancia
por dominar la soledad que te embriaga.
Tu amor se pierde en la intriga,
llora para consolarme en el exilio
donde deambulo melancólico añorando
tu presencia que me niega el destino.
Ahora recuerdo el calor de tus besos,
el tibio olor de tu piel,
la firmeza de tus senos,
el recorrido sobre tu cuerpo para encontrar
el fuego que escondías en el alma.
Ahora estoy perdido en la lejanía,
más allá del mar que inunda la nostalgia
que siento cuando beso tu foto
que protejo como la ilusión de mi vida.

SIN TITULOS

el viejo techo

resiste bajo el sol

crujen las tejas

un espejismo

en la cima del bosque

un cielo blanco

las golondrinas

un gato en el jardín

cae el rocío

SIN TITULO

¡ahí está el río!

en el fondo del caño

flotan jacintos

un nido solo

debajo del rocío

renace el día

los campesinos

debajo de la sombra

sudan tranquilos

MIRA MI S0MBRA

Mira mi sombra jugar sobre la cama,

tirarse entre tus piernas y comer golosinas;

mira mi sombra caer desde la ventana,

mírala cojear en el patio, cerca de la piscina.

No te asustes que aún estoy sobre tu cuerpo,

me estoy meciendo como la brisa

que besa tu cabellera y aleja el olor de la cocina.

No te levantas, tu corazón se acelera,

tus labios me besan, me buscan en la recamara

donde se besan el sol y la luna.

LAS PALABRAS

Revisando las palabras

descifro la ambigüedad de la existencia.

La existencia late en los días,

vive agazapada en la noche,

nos despierta para que disfrutemos

desojando margaritas, bebiendo té,

enfrentándonos para buscarnos en

la consistencia de lo que somos.

La existencia susurra como el amor

que prospera silenciosamente.

POEMAS.

Salgo de casa con un manojo de poemas

para macerarlos con los rayos del sol,

frente a una botella de sauvignon,

saltando los charcos de la lluvia

y esquivando el calor de tu mirada

que brota del tren atestado de palomas.

Me siento en la plaza, cerca de la fuente,

rodeado por un césped marrón,

donde los curiosos preguntan por la musa,

que danza debajo de la estatua del Libertador.

La policromía del día y de la fluorescencia

de las mujeres que caminan

distraídas brillan sobre el papel, borran

las incoherencias, alteran las comas y

limpian las metáforas con la briza

que le alza los vestidos, mientras tanto

hablo solo en medio de mi soledad.

EL ESCRITOR

La inspiración no es eterna, es pragmática.

Depende de la soledad y de la angustia.

Depende de la luz que teje los hilos del pensamiento

Depende del alma bañada por la conciencia.

El escritor asciende al mundo subsensorial

donde capta el sentido de las palabras.

Por ello sueña, para ser lo que es,

la sustancia mediática de lo que piensa

en la interioridad de su alma.

SIN TITULO

ahí lloviznaba

la tristeza del día

gotea sola

un niño juega

en la brisa se mueven

los girasoles

los cedros crecen

en el centro del pueblo

el polen vuela

LA LUZ DE TU ALMA

Desprendí la luz de la alacena

buscando tu alma

en la aurora que entraba en la sala.

En el lado izquierdo de la repisa tiemblan

las trenzas de la noche

como una cola de caballo.

Sentado en el viejo sofá (lleno de pelos)

te miraba en el espejo mientras el gato

jugaba con las trenzas de tu pelo

y dormía sobre tus piernas cubierto

por la azucena

que iluminaba tu alma ante a mis ojos.

SIN TITULO

brota una flor

sobre la luz del río

un ruiseñor

el viento sopla

la sombra del crepúsculo

dentro del nido

no queda luna

el eco del pájaro

mueve el rocío

TUS PIERNAS MORENAS

No quiero ahogarme en la noche

que entra sigilosa por la ventana,

que me despierta con el eco de la luna,

que se tiende en la cama como la canción

que cantabas después que hacías el amor.

No quiero enamorarme de tu piel,

de tu fragancia,

de tus pezones erectos por la brisa

que brota de mis dedos

mojados por tu miel

que acaricio

cuando baja por tus piernas morenas.

UNA MUJER QUE SE NIEGA A ENVEJECER

Ahora ya no estas dentro de tu piel,

eres la sombra de lo que fuiste,

una remota isla solitaria rodeada de delfines

una estela en el cielo

que se oscurece por la tormenta

que te inundará como si fuera

una estrella, un volcán,

una breve ilusión

que te hará reflexionar ante el espejo

donde tu verdadera ausencia

se refleja en la mujer

que se niega a envejecer.

LAS LETRAS DEL AMANECER.

He andado sobre las sendas de la ingratitud,

Y espantaba a los perros,

al ver su tristeza te recordaba, su

melancolía tronaba en las alturas,

el eco de sus pisadas gemían en la oscuridad

que se empozaba en el bar donde bebía.

He andado cabizbajo soportando el peso del sol,

soportando tu ingratitud y la perfidia de tu ojos

tendida sobre la colina llena de neblina.

Te buscaba desaforado, limpiando las lagañas

del amanecer viendo como desaparecía la noche,

como desaparecían las esperanzas tardías

de los hombres que trabajaban duro para comer.

Oía a los perros de Don Quijote, me imaginaba

borracho a Cervantes y cogía un lápiz y un trozo

de papel amarillento por el peso del sol

y escribía, en una ilusa caligrafía, las letras

que contenían tu amor, que contenían el fulgor

de las palabras que te dije cuando te enamoré.

LOS SUFRIMIENTOS

Nunca es tarde

para rectificar en la vida,

para encontrarnos en la ribera,

para andar alegre

porque percibimos la energía

que nos ilumina.

Nunca es tarde

para esto o aquello,

porque cada momento es indispensable

para identificarnos con el misterio

que encierra el sufrimiento.

SIN TITULO

en el arroyo

el eco del pájaro

mueve el rocío

de frente el sol

la espiga resplandece

el gallo canta

afuera llueve

el calor acrecienta

el eco del río

SABER VIVIR

En la ambivalencia de la existencia dudamos,

conspiramos contra el deber ser,

contra la razón,

afrontamos la inconsistencia de las ideas,

no somos lo que existe,

somos la alucinación

del mundo decadente embriagado

por la ilogicidad de la sinrazón de vivir.

Saber vivir es una prueba,

es una ambigüedad,

es encontrarnos en la profundidad del paisaje

del tiempo ancestral que precedió el nacimiento

de la historia preconcebida para no olvidar.

SIN TITULO

es mediodía

por la escalera sube

la luz del sol

la flor de loto

en el fondo del río

un cielo claro

escribiendo haikus

subiendo la colina

pinta el paisaje

UN MUNDO PETRIFICADO

Te descubro en el silencio de la noche

escalando la duda que borra tu memoria,

cuando sientes que desapareces,

que renaces en el silencio de la agonía,

que eres río, oscuridad, el emblema

de la conspiración que aliena al mundo.

Te descubro cuando renaces callada

en el remanso de la inseguridad de la vida

que se atrofia por la maldad y por la hipocresía

de un mundo alienado y petrificado.

EL HOMBRE VIRTUAL

Nuestra originalidad se estancó en el pasado,

evolucionamos para desconocernos en el futuro,

para desconocer la magia de los ancestros,

destruir el contacto con los dioses y las estrellas,

para confeccionarnos como máquinas.

Ahora somos virtuales, la holografía del ser,

un destello de la imaginación

que rechaza la complejidad del alma

como la fibra óptica que inunda

de vida la existencia infinita y verdadera.

ESCRIBIR

Escribir es un acto involuntario,

llega como la brisa,

maneja las herramientas del azar,

maneja las palabras

llenas con el aliento de la melancolía

llenas con la soledad

que se patentiza sobre el papel.

El escritor narra su desventura,

se busca en el sentido de la frase,

crea metáforas y símiles

con una vida propia, subjetiva,

que lo separa de su existencia

para darle prioridad a lo que siente.

La escritura desconoce al escritor,

lo aísla del sentido común de lo creado,

de la energía que refleja

el recorrido de su eterno divagar.

LA FANTASIA DE LA MENTE

Busca tu esencia,

busca lo que eres;

si ves que existes

busca tu alma,

bucea en tu subconsciencia,

no te alejas del origen

ni de la evolución genética,

ni adores las alucinaciones,

pues sólo verás el resplandor de la mente.

Sabes que la materia es intranscendente,

que tu energía trasciende,

que eres fuego, aire, agua y polvo.

Ahora evoluciona

sobre la sinrazón

de la existencia y siempre serás

más de la imagen

que se refleja en el espejo.

SIN TITULO

el sol y el polvo

en las calles grotescas

de la ciudad

la lluvia cae

la alondra cubre el nido

te miro llorar

los niños nadan

como el sol y la luna

en la oquedad

LAS PALABRAS DEL ALMA

Las palabras sufren en el subconsciente,

gritan en silencio, viven en el poema,

corren libres como la brisa,

acarician mi alma,

iluminan el poniente como la música

del horizonte cuando florece.

Las palabras irrigan

la naturaleza del poema;

resplandecen llenas de soledad

guían a los navegantes

que buscan

en el rocío la felicidad del alba.

SIN TÍTULO

mirlos en vuelo

debajo del ciruelo

los perros ladran

en el aljibe

un balde desbordado

un fuerte sol

sobre el grillo

la sombra de la lámpara

cerca del bar

ESCRIBIR UN POEMA

Escribir ante el dolor del mundo agita,

nos enfrenta con el desamor,

obliga a respetar los símbolos del amor;

obliga a rescatar el tiempo perdido,

obliga a ser quienes somos en el mundo

que sufre aislado y desprovisto de amor.

Escribir ante la ambivalencia de la vida

agota la paciencia,

nos enfrenta con las palabras

que nacen en el subconsciente;

nos enfrenta a la soledad

cuando miramos la otra dimensión

que nos espera.

Escribir ante la ambivalencia del mundo

es rescatar la originalidad

del ser y el no ser del poema.

EL POEMA

El poema es independiente, indisoluble,
reside en el alma, se conjuga con la fantasía
de la realidad que forma al pensamiento;
su libertad lo libera de la subjetividad,
su libertad nos seduce con la inspiración.
El poema depende
de las máximas de experiencias.
El poema marca su ritmo,
resplandece por la iluminación,
por la sensibilidad
que permite al poeta plasmar
la realidad con palabras
que nacen en la profundidad de su alma.

EL POETA

El poeta no es una estrella ni un mago;

palpita en el alma,

fluye con los sentimientos, llora como un niño,

se baña con la lluvia, nada en las contradicciones;

es la energía hecha hombre, hecha mujer.

Por ello habla subliminalmente, convierte

las palabras en música, convierte el dolor

en la luz del más allá, convierte el caos

en la alquimia que busca la eternidad,

y acepta la soledad en compañía de las tormentas.

SIN TITULO

el arrendajo

se baña bajo la flor

sol de verano

la sombra del cielo

reposa en el tejado

los niños comen

las viejas ramas

renacen en el bosque

es primavera

LA VENTANA

La ventana contrasta con la rosa

amarilla postrada cerca de la cortina.

La ventana se llena de sol, de pájaros,

y la luz entra por tu mirada y enciende

en el subconsciente

los recuerdos y las pasiones.

La rosa se confunde con la luz de

la mañana; tendida sobre tu huella

quiebra la tranquilidad de la alcoba

llena de rosas y escarcha marina.

EL SILENCIO DE LA EXISTENCIA

Ahonda en tus sentimientos y trina sin alterar

la madrugada, búscate en la soledad

donde deambulas somnoliento.

No mires al pasado, no lo confundas

con la realidad que te absorbe.

Si te encuentras pregúntate quién eres,

pues el silencio de la existencia

está esperándote

para enseñarte a superar

tu propia inconsciencia.

SIN TITULO

el viento arrecia

la sombra del crepúsculo

dentro del nido

tarde tranquila

en el follaje flotan

pétalos blancos

dentro del bosque

se percibe el aliento

de la ansiedad

LA NOSTALGIA DE LA NAVIDAD

Llueve.

La pesadez crea un caos existencial.

La pesadez mutila el pensamiento.

En la avenida caminamos sin orientación,

divagamos, no nos miramos, pasamos

desapercibidos y nos alejamos

de quienes nos persiguen.

Cada día sigue lloviendo,

se acerca la navidad, y el sol

se ausenta, da paso a una neblina arrugada

que tiembla sobre los árboles.

En la avenida llueve

y la gente se mira en las vitrinas,

ante la miseria que les recrimina

que, aunque hoy es navidad, el hombre

seguirá muriéndose por la hambruna

que castiga a la humanidad.

LA EXPERIENCIA

La experiencia se labra con esfuerzo y tenacidad,

no importa que no hayas aprendido a vivir,

los obstáculos te obligan a superarte,

a aprender solo, a aprender sorteando las trampas

que te pone el destino para que te desarrolles

y disfrutes las sorpresa del futuro.

La experiencia es intuito personae

si la compartes lucharás por mejorarte, para ser

más noble y más diligente, para ser a quien

no ves en la finitud de tu sufrimiento.

LA POESIA

No hay misterios en la poesía,

la poesía ilumina la sensibilidad del alma

ante el misterio, ante las palabras

que fluyen como ríos, como la iluminación

que libera la conciencia de la anarquía

de la existencia.

La poesía libera el espíritu,

ennoblece las emociones,

prioriza los sentimientos,

no dice nada sólo emociona;

su ritmo encanta, da placer,

insinúa que el alma se vierte

en lo subliminal que crea al poema.

En la poesía, ese enigma del ser o no ser,

el poeta lo descifra desde el principio hasta el final

EL ECO DE LA EXISTENCIA

El viento canta en la cima del bosque,

abre la espiga, cierra el dolor, arrecía

en la tiniebla de los sueños, viaja en la

fecundidad del mar como un mástil

que resquebraja la soledad del mediodía.

El eco de la existencia calla,

duda del placer, de la bondad.

En la cofia del tiempo busca tu alma

y se eclipsa con las tormentas

que deteriora el amor que te tenía.

Table des Matières

MI DESCONSUELO 1
UN SOLO SER 2
LAS PALABRAS 3
EL SOL 4
LAS OLAS 5
EN EL VACIO DEL SILENCIO 7
SIN TITULOS 8
SIN TITULO 9
MIRA MI S0MBRA 10
LAS PALABRAS 11
POEMAS 12
EL ESCRITOR 13
SIN TITULO 14
LA LUZ DE TU ALMA 15
SIN TITULO 16
TUS PIERNAS MORENAS 17
UNA MUJER QUE SE NIEGA A ENVEJECER 18
LAS LETRAS DEL AMANECER. 19
LOS SUFRIMIENTOS 21
SIN TITULO 22
SABER VIVIR 23
SIN TITULO 24
UN MUNDO PETRIFICADO 25
EL HOMBRE VIRTUAL 26
ESCRIBIR 27
LA FANTASIA DE LA MENTE 28
SIN TITULO 29
LAS PALABRAS DEL ALMA 30
SIN TÍTULO 31
ESCRIBIR UN POEMA 32
EL POEMA 33
EL POETA 34
SIN TITULO 35
LA VENTANA 36
EL SILENCIO DE LA EXISTENCIA 37
SIN TITULO 38

LA NOSTALGIA DE LA NAVIDAD.. 39
LA EXPERIENCIA 40
LA POESIA.. 41
EL ECO DE LA EXISTENCIA... 42

Printed by Books on Demand GmbH, Norderstedt / Germany